기독교문서선교회 (Christian Literature Center: 약칭 CLC)는 1941년 영국 콜체스터에서 켄 아담스에 의해 시작되었으며 국제 본부는 미국 필라델피아에 있습니다. 국제 CLC는 59개 나라에서 180개의 본부를 두고, 약 650여 명의 선교사들이 이동도서차량 40대를 이용하여 문서 보급에 힘쓰고 있으며 이메일 주문을 통해 130여 국으로 책을 공급하고 있습니다. 한국 CLC는 청교도적 복음주의 신학과 신앙서적을 출판하는 문서선교기관으로서, 한 영혼이라도 구원되길 소망하면서 주님이 오시는 그날까지 최선을 다할 것입니다.

추천사 1

『선교행전』에 대한 추천사를 저자 김진우 목사님으로부터 부탁 받고 그와의 만남을 되돌아보았습니다. 제가 2007년 3월에 고양리교회에 전도사로 부임하여, 3년 동안 방치된 채 폐허가 된 예배당을 바라보며 예배당 재건축에 대한 마음을 품고 있을 때, 당시 청년부 강도사님으로 선교할 수 있는 곳을 찾다가 정말 열악한 환경에 있는 교회를 일부러 찾아 오셨다는 이야기를 들었고, 함께 온 청년들의 뜻도 같다는 것을 확인했습니다. 이 단기선교 및 섬김과 봉사의 시간을 통해 "좋은 소식을 전하며 평화를 공포하며 복된 좋은 소식을 가져오며 구원을 공포하며 시온을 향하여 이르기를 네 하나님이 통치하신다 하는 자의 산을 넘는 발이 어찌 그리 아름다운가"(사 52:7)라는 말씀이 현실이 되었고, 청년들과 함께 동역하는 시간을 통해서 현재의 고양리교회가 바로 서 가고 있음을 다시 한 번 깨닫게 됩니다. 이 책을 통해 주님께서 함께하신 역사를 바라보게 됩니다.

현재도 김진우 목사님은 담임으로 섬기고 있는 청라은혜교회의 단기선교팀을 통하여 새 예배당에 필요한 시설들을 보내 주셨습니다. 손수 작업하는 수고를 마다하지 않았던 모습들을 지켜보면서 김진우 목사님이 가지고 있는 목회 비전이 주님과 함께하는 선교임을 알게 되었습니다. 또한 일회성 선교가 아닌 주님과 함께 끝까지 가는 선교를 생각하며 복음이 필요한 일본, 동남아, 몽골 등에서도 선교하신다는 소식을 들을 때마다 기쁨이 되고 감사가 됩니다.

김진우 목사님의 목회 비전과 삶이 녹아 있는 이 책을 통해 많은 청년들이 꿈을 꾸고 선교의 비전을 펼쳐 가리라 확신하며 이 책을 추천합니다.

손 호 경 목사 | 강원도 정선 고양리교회

추천사 2

1999년 지구촌의 2만 4천 종족들 가운데 1만 2천 개의 종족이 복음에 대해서 들어 보지 못한 미전도 종족(Unriched People) 상태로 남아 있다는 소식은 청년 김진우 목사님의 가슴을 뛰게 했습니다. 그 후 김진우 목사님은 선교단체의 간사로 선교 동원 및 훈련 사역을 담당 했으며, 10/40창의 이슬람권 선교에 대해 알아가기 시작했습니다. 그는 소아시아와 중앙아시아의 무슬림들을 지속적으로 찾아갔습니다. 이 모든 것이 이 책 『선교행전』 속에 고스란히 담겨져 있습니다.

김진우 목사님은 제게 "온 성도가 성령에 이끌려 열방에 복음을 전하며 선교하는 교회가 되는 것을 도전하기 위해 이 책을 쓰게 되었다"고 소박한 바램을 얘기했습다. 저는 이 책이 여름과 겨울로 수많은 성도들을 선교지로 보내고 있는 한국교회에 선한 도전을 줄 것으로 확신합니다. 왜냐하면, 이 책은 교실에서 배울 수 있는 선교 이론이나, 선교 전략에 대한 나열이 아니라, 김진우 목사님이 20대 젊은 청년 시절부터 40대 장년 목사가 된 지금까지도 선교지에 직접 가서 경험한 생생한 이야기들이 기술되어 있기 때문입니다. 또한 이 책에는 어떻게 하면 자신이 섬기고 있는 교회의 청년 대학생들뿐만 아니라 장년의 성도들에게도 열방을 향한 하나님의 마음이 전염되고 확산될 수 있을까 하는 고민이 고스란히 담겨 있습니다. 그래서 그는 선교의 전략이 아니라 선교의 주체가 되시는 성령을 의지할 것을 도전합니다.

지난 16년간 근본주의 이슬람권에서 사역하고 있는 저로서는 소박하고 진솔한 내용이 담긴 이 책의 출판이 참 기쁘고 반갑습니다. 하나님의 선교는 교회를 통해서 성령의 능력으로 일어납니다. 또한, 선교의 주체는 바로 성령님 이시기 때문에 이슬람권과 같은 선교지에서 가장 필요한 것은 전통적으로 익숙해져 있는 방법에서 벗어나 복음을 위하여 과감하게 성령에 이끌리어 다른 일들을 시도 해 볼 수 있는 실험정신입니다.

선교적 교회라는 거창한 말이 아니라 선교하는 교회가 되고픈 열정을 가진 목회자들과 하나님 나라를 사모하는 성도들에게 이 책은 좋은 나침판이 될 것입니다. 저는 이 책을 읽는 모든 그리스도의 제자들의 가슴속에 선교에 대한 열정과 헌신이 일어나기를 소망하는 마음으로 추천합니다.

K. 히버트 선교사 | 이슬람권 선교사

선교행전

Acts in Missions
Written by Jinwoo Kim
All rights reserved.
Korean Edition Copyright ⓒ 2019 by Christian Literature Center, Seoul, Korea

선교행전

2019년 3월 15일 초판 발행

지은이　|　김진우

편집　　|　곽진수
디자인　|　박인미
펴낸곳　|　(사)기독교문서선교회
등록　　|　제16-25호(1980.1.18)
주소　　|　서울특별시 서초구 방배로 68
전화　　|　02-586-8761~3(본사) 031-942-8761(영업부)
팩스　　|　02-523-0131(본사) 031-942-8763(영업부)
이메일　|　clckor@gmail.com
홈페이지|　www.clcbook.com
송금계좌|　기업은행 073-000308-04-020 (사)기독교문서선교회

ISBN 978-89-341-1931-9(03230)

이 도서의 국립중앙도서관 출판예정도서목록(CIP)은 서지정보유통지원시스템 홈페이지(http://seoji.nl.go.kr)와 국가자료공동목록시스템(http://www.nl.go.kr/kolisnet)에서 이용하실 수 있습니다.(CIP제어번호: CIP2019002005)

이 책의 저작권은 저자와 (사)기독교문서선교회가 소유합니다. 신저작권법에 의하여 한국 내에서 보호받는 저작물이므로 무단 전재와 무단 복제를 금합니다.

선교 행전

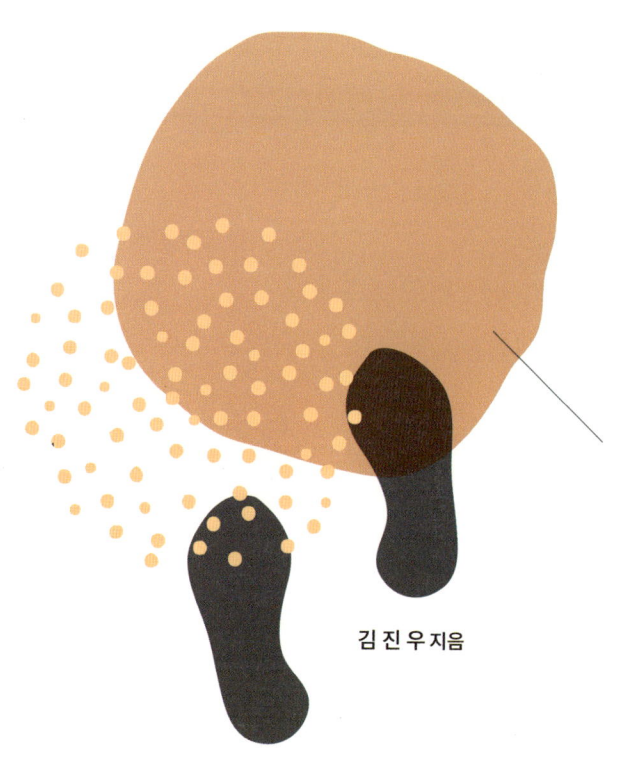

김진우 지음

CLC

목차

추천사
  손호경 목사 (강원도 정선 고양리교회)　　　　　　1
  K. 히버트 선교사 (이슬람권 선교사)　　　　　　　2

저자 서문　　　　　　　　　　　　　　　　　　8

1. 무너진 터에서 예배가 시작되다　　　　　　　11
  강원도 정선 고양리 마을

2. 영하 40도라고요?　　　　　　　　　　　　　29
  몽골 동계선교

3. 그분의 시각으로 보다　　　　　　　　　　　42
  일본 후쿠오카

4. 와서 우리를 도우라　　　　　　　　　　　　63
  캄보디아 쁘레아허 마을

5. 순교자의 피 위에서　　　　　　　　　　　　69
  파키스탄

6. 당신은 선교사인가, 선교지인가?　　　　　　80

저자 서문

김 진 우 목사
청라은혜교회 담임

 필자가 예전에 부목사로 섬겼던 교회의 청년 제자들이 오랜만에 찾아왔다. 몇 년 전까지 부교역자로 섬겼던 교회에서 떠난 지 1년이 넘었다. 반가운 얼굴들이다. 함께 사역했던 이야기를 하면서 웃음꽃을 피웠다. 힘들었던 일들, 눈물과 기쁨이 있었던 사역들의 이야기였다. 제자들은 각자 결혼하고 청년부를 떠났어도 우리들의 만남의 주된 관심사는 역시 교회였다.

 방문한 청년들과 공감대의 화두는 선교사역이었다. 한두 명을 제외하고 일본선교, 제주선교, 두만강 선교를 함께했다. 선교지의 다이내믹한 역사에 대한 이야기가 꼬리를 물고 계속 나온다.

 청년부 증경회장(?)인 봉우 형제가 대뜸 이렇게 말했다.

 "목사님, 목사님도 이제 책을 한번 써보시지요."

"내 주제에 무슨 책이니?"

이제 담임 목사가 되어 교회를 조금씩 알아 가고 있는데 무슨 책이냐 싶었다.

그날 집에 들어와 잠을 자려고 하는데 도통 잠이 오지 않았다.

'내일 주일인데, 이러다가 밤을 새울 것 같다.'

머릿속에는 청년의 말이 계속 맴돌았다.

'한국교회에서 책을 낸 분들은 신앙의 고수와 같은 분들이고, 그 책은 삶 속에서 하나님의 크신 역사를 이루신 분들의 기록이 아닌가?'

하지만 계속 맘속에 청년의 말이 맴돈다.

침대에서 내려와 하나님께 기도드렸다.

'제가 무한 자격 미달이지만 만약 책을 써야 한다면 어떤 책을 써야 하나요?'

혹시나 해서 물어보았다.

그때, 내 마음에 한 단어가 떠올랐다.

'단기선교'

단기선교라니?

선교면 선교지 단기선교는 뭐지?

필자는 몽골, 일본, 중국 두만강, 이스라엘, 필리핀, 제주도, 강원도 고양리 마을 등 여러 선교 지역에 교회의 단기팀을 이끌고 많이 다녔다.

하나님께서 지금까지 선교를 통해 주신 하나님의 마음을 나눴으면 좋겠다는 마음을 강하게 주셨다.

선교를 준비할 때, 이방의 땅에서 하나님께 예배했을 때 주신 놀라운 기적들이 새록새록 생각이 났다. 그 선교 일을 통해 이루신 하나님의 놀라운 역사가 생각났다.

함께 참여했던 대원들뿐만 아니라 한국에서 함께 기도했던 성도들의 기도가 떠올랐다.

하나님이 하신 일을 생각하니 가슴이 벅차올랐다.

'하나님, 선교를 통해 하나님이 하신 일을 말하도록 원하신다면 제가 적어 보겠습니다.'

그렇게 이 책은 시작되었다.

그것도 주일을 앞둔 토요일 자정부터 말이다.

1. 무너진 터에서 예배가 시작되다

강원도 정선 고양리 마을

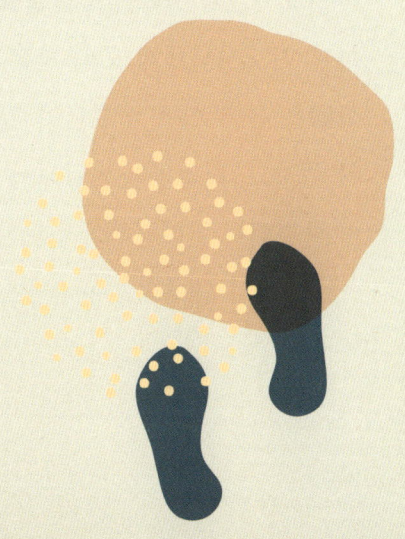

서울에서 4시간가량 차로 들어가면 강원도 정선 끝자락, 고양리 마을이 있다. 이곳에는 상승두, 하승두 마을이 있는데 교회는 하나뿐이다.

고양리교회.

교회라기보다는 허름한 창고 같은 곳이다.

처음 고양리교회를 소개받은 것은 청년부 자매를 통해서다. 그 자매가 근처에 있는 복지시설과 교회를 함께 운영하는 목사님을 도와 섬기러 갔다가 그 교회를 소개받은 것이다.

고양리교회를 섬기는 목회자는 손호경 전도사님이었다. 지금은 목사님이 되었지만, 당시 전도사로 하루에 두 번밖에 버스가 들어오지 않는 오지마을의 목회자였다.

전도사님의 사역에서 신실함이 묻어났다. 마을 사람마다 전도사님에게 도움 받은 것을 말씀하신다. 전도사님은 몸이 아픈 어르신이 있으면 읍내까지 차를 태워 주시고, 집집마다 방문해서 필요한 것이 없는지, 몸이 불편해서 어려워하시지 않는지 살펴보신다.

예수님의 향기를 이곳에서도 느낀다.

고양리교회 옛날 모습

산골 마을이 다 그렇지만 고양리 마을은 사람 보기가 신기할 정도로 드물다. 산개촌이라 한 집 건너 한 집이 겨우 있을 정도이다. 그나마 남아 있는 분들도 어르신들이 전부이다. 어린아이들이 노는 모습은 찾아보기 어렵다. 선교팀 중에 어린아이들이 어르신들의 집을 방문하면 어르신들은 그렇게 좋아하신다.

군인들이 입는 깔깔이 방한복을 입은 할아버지가 말씀하신다.

"여긴 산짐승보다 사람이 더 무서워"

짐승보다 사람 보기가 더 쉽지 않은 곳이다.

1. 무너진 터에서 예배가 시작되다   13

청년들을 모집했다. 12명의 대원이 모집되었다. 오지마을 선교는 다들 처음이다. 매주 진행되는 기도회가 뜨겁다. 우리는 마을들의 이름을 하나님께 올려드렸다.

우리는 그곳에서 해야 할 일을 계속 상기했다. 오전과 오후에는 마을 봉사, 어르신 말벗해 드리기, 밭일 거들어 드리기, 미용 봉사, 도배 봉사 등 집에 필요한 것은 다 하기로 했다. 그리고 새벽과 저녁마다 기도하며 예배하기로 했다. 하나님을 예배하지 않는 곳에서 하나님을 예배하는 것이 선교이기 때문이다.

선교 프로그램은 단순하다. 새벽예배, 오전과 오후 마을 봉사, 저녁예배이다. 예배에서 예배로 마친다. 집집마다 팀별로 들어가 봉사할 때도 하나님을 예배하는 마음으로 임하기로 했다.

고추를 따고 도배를 하는 봉사가 쉽지 않음에도 예배자의 마음으로 하니 불평이 없어졌다. 최선을 다하는 대원들의 모습이 보였다.

오지마을이라고 해서 사람들이 종교가 없지는 않다. 놀라운 것은 그곳에도 이단이 있고 무속신앙이 있었다.

마을 끝자락에 있는 절에는 스님이 살고 있었는데 스님이라기보다 무당에 가까운 사람이었다. 사람들에게 굿이나 제사를 드려 주고 사는 사람 같았다.

또 다른 집은 제7일 안식교 사람도 있었다.

대원들과 도착하자마자 교회에서 예배를 시작했다. 전도사님이 난처해 하신다. 예배당이라기보다는 창고에 가까운 곳에서 예배하겠다고 하니 당황스러우신 것이다.

오래전에 이 마을에는 사람들이 많이 살았고 교회도 건재했다. 그러나 사람들이 도심으로 떠나면서 남아 있는 사람들은 노인들뿐이고 교회도 허물어졌다. 그런 교회의 터에서 대원들과 함께 예배를 시작했다.

전도사님은 도저히 예배가 되지 않을 것만 같은 이 곳에서 청년들이 예배하는 모습을 보며 놀라셨다.

예수님은 예루살렘에 처음에 들어가셨을 때 가장 먼저 성전으로 향하셨다. 성전을 사모하는 마음이 누구보다도 강하셨다. 성전에서 물건을 사고파는 행위에 분노하신 예수님은 '내 집은 만민이 기도하는 집'이라고 성토하셨다. 이것이 주님의 마음이다.

교회는 몇 명이 모이든, 어디에 있든 상관없이 하나님의 심장이며 예수님의 집이다. 당연히 우리가 처음부터 예배해야 할 곳도 교회였다. 그곳은 거미줄이 쳐져 있고, 바닥은 앉아있을 수 없을 정도로 먼지가 가득

했다. 풍금이 놓여 있고(연주할 수 없는), 벽은 허물어져 있었다. 우리는 바닥에 스티로폼을 깔고 모기장을 치고 환기를 시켰다.

통기타를 꺼내 들고 찬양을 시작했다.

주님의 성령,
지금 이곳에 임하소서, 임하소서.

예수 우리 왕이여 이곳에 오소서
보좌로 주여 임하사 찬양을 받아주소서
주님을 찬양하오니 주님을 경배하오니
왕이신 예수여 오셔서 좌정하사 다스리소서.

선교는 예배다. 바울과 실라가 빌립보 도성에서 복음을 전하다가 누명을 받아 감옥에 갇히게 된다.

감옥에서 이들이 한 것이 무엇일까?

어려울 때 하는 것을 보면 평상시에 무엇을 했는지를 알 수 있다.

한밤중에 바울과 실라가 기도하고 하나님을 찬송하매 죄수들이 듣더라(행 16:25).

바울과 실라는 그곳에서 예배했다. 도저히 예배드릴 수 없는 환경에서 하나님께 기도하며 찬송했다. 예배는 환경이 갖추어져 있을 때 하는 것이 아니다. 예배가 무너진 곳에서 단을 쌓는 것이다.

창세기 12장에서 아브라함은 가나안 땅으로 가라는 하나님의 말씀을 듣고 가는 곳곳마다 하나님께 제단을 쌓는다. 예배했다는 말이다. 머물러야 할 곳이 예배할 곳이다.

새벽마다 저녁마다 찬양 소리로 그곳을 채웠다. 통기타 한 대로 드리는 반주에도 대원들의 심령에는 성령의 충만함으로 가득했다. 곳곳에서 눈물이 터져 나왔다. 키보드, 드럼, 좋은 사운드가 갖춘 스피커 시스템 하나 없지만, 초대교회의 예배처럼 기쁨과 감사가 넘쳤다.

해마다 선교팀이 이곳을 방문했는데 다른 곳에서 예배하지 않고 교회에서 예배를 드렸다.

기적과 같은 일이 벌어졌다. 십시일반 재정이 모였고 성전건축에 대한 비전이 심어져 다시 성전을 짓게 된 것이다. 성전건축이 끝난 후 전도사님은 눈물로 말씀하신다. 예배할 수 없을 것처럼 보인 이곳에서 청년 대원들의 찬양 소리에 이곳에서 다시 예배할 수 있겠다는 소망이 생겼다는 것이다. 도움의 손길이 더해져 예배당이 세워졌다. 감격이다.

예배가 선교이며 선교가 예배이다. 선교팀이 해외나 지방에 가게 되면, 우리가 그곳에 예배하러 간다는 사실을 잊을 때가 있다. 평상시 예배의 강도를 5로 잡는다면 현장의 준비모임 시 예배의 강도는 10으로 잡아야 한다. 왜냐하면 필드에서 여러 사고와 어려움이 다가오기 때문이다. 준비모임에서부터 뜨거운 예배와 기도가 되지 않으면 안 된다.

그래서 선교팀을 준비할 때 주중 2회 이상 기도회를 한다. 새벽기도 후에 따로 모여서 기도회를 한다. 평일 저녁에 모여서 말씀 나눔을 가지고 또 기도회를 한다. 팀별로 모여서 팀장들의 권위 아래 또 기도회를 한다.

그러다 보니 준비 전체가 하나님을 향한 예배와 기도로 무장되어 있다. 내가 준비되지 않으면, 내가 선교사는커녕 오히려 선교지가 된다.

선교가 예배라는 사실을 대학 학부 때 깨달았다. 대학생 시절, 청년부 간사님과 함께 영주 묵리 마을 선교를 하러 가 본 적이 있다. 10명 정도의 대원 중에 필자만 기타를 칠 줄 알았다. 묵리 마을도 고양리 마을처럼 외진 곳에 있는 오지마을이었다.

마을 회관에 자리를 잡은 우리가 아침, 저녁으로 예배를 드렸다. 마지막 날 저녁, 함께 찬양하는데 이상한 소리가 밖에서 들렸다. 징 소리였다. 마을의 어떤 집에서 굿판이 열린 것이다. 신앙이 어린 청년들이 무서워했다. 징 소리가 크게 들렸기 때문이다. 어두컴컴한 곳에서 굿판 소리를 듣는 것은 소름 끼치는 일이었다. 간사님은 아랑곳하지 않고 뜨겁게 예배하고 찬양하자고 했다.

"진우 형제, 하나님을 기뻐하며 찬양합시다. 신나게 기타를 쳐 주세요."

기타 실력이 형편없었지만, 하나님의 선하심을 소리쳐 찬양했다. 찬양하며 기도하는데 더 이상 징 소리가 들려오지 않았다. 그곳을 채운 하늘의 소리가 더 컸기 때문이다.

찬양이 끝난 후 땀범벅이 되어 기타를 보니 온통 피투성이였다. 피크가 부러져 있었고 그것도 모른 채 손가락으로 기타 줄을 튕기고 있었다. 손가락이 까졌고 그 피가 기타에 온통 묻어 있었다. 기타 줄은 달랑 2개만 남았다. 기타 줄이 끊어진 것도 모르고 찬양 반주를 한 것이다. 그만큼 우리의 찬양이 뜨거웠고 간절했다.

다음날, 아침에 마을 이장이 찾아왔다. 어제 여기서

뭐 했냐는 것이다. 자초지종을 듣고 보니 근처에서 유명한 무당이 와서 굿판을 벌였는데 어제만큼은 굿이 제대로 진행이 안 되었다고 한다. 아무리 신명나게 해도 안 된다는 것이다. 그래서 무당이 그냥 집에 갔다고 말했다.

대원들이 다 놀랬다. 우리는 알고 있었다. 그 시간에 우리가 하나님께 예배한 것을.

이스라엘의 찬송 중에 계시는 주여,
주는 거룩하시나이다(시 22:3).

이 일이 있고 난 뒤로 우리의 예배는 달라질 수밖에 없었다. 예배하는 그곳에 하나님이 영광 받으시고 다스리심을 경험하게 되었으니 말이다.

선교의 백미는 역시 마을잔치이다. 단기선교의 정점은 여기에 있다. 그동안 섬기고 사랑하며 봉사하면서 입 밖으로 복음은 말하지 않았다. 묵묵히 최선을 다해 섬기는 것이었다.

소위 감동 작전. 이 작전이 먹혀들어 가서 한 분 한 분 마을잔치에 초대하는 것이다. 그동안 오전과 오후에 땡볕에서 고추를 따고, 도배와 집 청소를 하며 최선을 다해 대원들이 봉사했다.

　봉사하면서 대원들의 얼굴에는 늘 기쁨이 가득하였다. 힘들어도 웃을 수 있다는 것이 신기했다. 다들 성령의 충만함을 입었기 때문이다.

　마을잔치는 마지막 날 3일째 저녁에 실시한다. 사흘 동안 최선을 다한 후 집집마다 마을잔치를 홍보하고 모시고 온다. 마을잔치 날에는 미리 준비한 닭백숙과 과일을 대접하고 대원들의 부채춤, 성극, 간증 등을 시간에 맞춰 공연한다.

　공연이 끝나면 사역자가 앞에 나가서 복음을 전한다. 천국과 지옥에 대한 갈림길을 제시한다.

　어르신들이 천국 가기를 원하시는 마음이 강하다.

　봉사했던 어르신 옆에 대원들이 꼭 붙어 있다.

　마지막 결신 때 손을 잡고 기도한다.

　눈물이 손 위에 떨어진다.

　할아버지, 할머니들이 짧은 공연 때마다 웃고 손뼉 치며 반응해 주시고 함께 춤추시니 이 모든 것이 다 감동이다. 어르신들의 어깨를 주물러 드리면서 말동무해 드리니 그렇게 좋아하신다. 마을잔치가 천국 잔치가 되는 순간이다.

　결신할 때 어떤 어르신은 고마운 마음에 예수 믿겠다

고 하는 분들도 있다. 그냥 감동하고 손주 같은 이들의 권면에 고마워서 교회 다니겠다고 하시는 분들도 있다.

마을잔치에 여자 청년이 한 명 왔다. 영미라는 청년이다. 외딴집에서 생활하는 청년인데 마을 어르신들만 있는 곳에 청년이 있어서 신기했다. 영미가 산골에 남게 된 이유는 어릴 적 오빠의 물놀이 사고 때문에 충격을 받아서이다. 큰 충격과 상처로 인해 그때부터 말을 잘하지 못하고 정신적으로 힘들어했던 청년이다.

청년은 청년의 마음을 잘 아는 것이다. 함께 어울리고 놀면서 그 청년의 얼굴이 너무 밝아졌다. 그 청년은 마을잔치에서 복음을 듣고 결신까지 하게 되었다. 지금 현지 목사님의 말씀에 따르면, 얼마 전에 결혼까지 해서 가정을 잘 꾸리며 살고 있다고 한다.

산골 깊숙한 곳에도 상처 입은 심령이 있다. 예수님만이 치유하신다. 예수님의 사랑이 과거의 상처를 덮는 회복을 주신다.

마을잔치에 오기로 약속한 한 아저씨가 있었다. 이분이 약속은 했지만, 시간이 다 되어도 오시지를 않는 것이다. 대원들과 함께 가보니 집에서 TV를 보시겠다는 것이다. 대원들이 집 앞에서 기도했다. 애타는 마음, 간절한 마음이 가득했다.

'오늘이 마지막이 될 수도 있는 데요. 주님. 도와주세요.'

잠시 후 대원들이 너무나 좋아서 웃고 있다. 알고 보니 위성 TV가 고장 난 것이다. 그날따라 채널이 안 잡혔던 것이다. 대원들은 왜 그런 일이 일어났는지 분명히 알고 있다. 하나님께서 TV를 못 보도록 막으신 것이다. 세상 채널을 막으시고 천국의 채널을 틀어놓으신 것이다.

마을잔치가 끝나면 그냥 돌아가지 않는다. 미리 팀별로 어르신들의 집집마다 들어갈 침투조(?)를 짠다. 허락을 받고 3인 1조가 되어 그 집에 하룻밤을 자면서 최종 복음 제시를 하도록 준비한다. 마을잔치에서 복음을 제대로 듣지 못했거나 여러 가지로 어려운 분들에게 다가가도록 최종적으로 조치를 한 것이다.

비가 많이 와서 가는 다리가 끊어졌어도 약속한 할아버지의 집으로 가기 위해 우비를 입고 배추밭을 지나가던 대원들의 뒷모습이 아직까지 잊혀지지 않는다.

어르신들은 보통 저녁에 일찍 주무시지만 대원들이 온다는 말을 듣고 기다리시면서 먹을 것도 준비해 놓으셨다. 대원들은 어른신의 얼굴에 팩도 해 드리고, 말동무도 해 드리면서 기회를 틈타 복음을 다시 제시한

1. 무너진 터에서 예배가 시작되다

다. 한 명은 기도하고, 한 명은 주위를 분산시키는 것들을 막고, 한 명은 복음을 제시하는 환상의 조이다.

팀들이 흩어져서 집으로 들어갈 때면 중보기도팀의 사역이 시작된다. 팀원들이 복음 제시를 하면서 은혜롭게 감당하고 돌아오도록 간절히 중보한다. 싸움은 여기서부터이다.

모세가 여호수아를 전쟁터에 보내고 산에 올라가 전쟁터를 보며 손을 높이 들게 된다. 모세의 손이 올라가면 이스라엘의 군대가 이기고 손이 내려가면 지게 되었다. 이 손은 중보기도의 손이다. 하나님을 향해 기도의 손을 높이 들 때 현장에 나가 있는 대원들이 승리할 수 있다. 밤새도록 기도한다. 간혹 침투 사역을 저녁에 마치고 들어오는 팀원들은 중보기도팀과 함께 끝까지 기도한다.

다음 날 아침, 대원들은 기적의 소식을 가득 안고 돌아온다. 영접한 애기, 할아버지, 할머니의 눈물 얘기, 치유 받은 이야기 등 이루 말할 수 없는 간증이 나온다.

선교현장은 기적의 현장이다. 복음이 들어가는 곳마다 하나님의 역사가 일어난다. 사도행전처럼 선교의 현장 곳곳에 하나님의 기적이 나타난다.

자주 12인승 봉고를 몰고 대원들을 마을 집집마다

데려다 주었다. 갑자기 봉고 바퀴에 펑크가 났다. 난처했다. 그곳은 산골 오지라 봉고를 가지고 읍내까지 나가기가 쉽지 않았다. 정비차가 오는 것도 시간이 너무 많이 걸렸다. 사역의 시간은 촉박하여 마음이 급했다.

그때 그 자리를 지나가던 한 아저씨가 봉고를 유심히 살피더니 집에 들어가서 정비 기계를 가지고 나오시는 게 아닌가. 뚝딱뚝딱. 불과 30분도 안 되어서 바퀴 하나를 고쳤다. 너무나 놀랐는데, 알고 보니 그분은 예전에 차량정비를 하셨고, 때마침 필요한 공구들이 집에 있었다는 것이다. 절묘한 타이밍. 예비하신 하나님의 은혜를 찬양했다.

마을 끝자락에 사시는 할아버지는 시간이나 요일 개념이 없으시다. 눈만 뜨면 나무하러 산에 올라가신다. 평생 홀로 사신 분이시다. 이분이 목사님의 전도로, 교회에 나오시게 되었다.

이 할아버지의 집에 가보니, 냉장고 안에는 오래된 우유와 음식, 쥐들, 바퀴벌레 등 …. 이루 말할 수 없는 환경이었다. 팀을 보내면서 도배와 청소를 해 드렸다. 복음을 전했고 이 할아버지는 마을 축제 때 제일 신나서 춤도 추시고 너무나 좋아하셨다.

깔깔이 할아버지

 이 할아버지는 군대 깔깔이 방한복을 입고 다니셔서 깔깔이 할아버지라고 불렀다.
 이분은 시간 개념이 없으시므로 깨워드리기 위해 주일이면 한참 밑에 집에 사시는 할머니께서 소리를 지르신다.
 "영감, 오늘 교회 가는 날이니깐 산에 나무하러 가지 마셔. 들었어요? 영감?!"
 그 할머니는 교회에 다니시지는 않지만 일요일이면 할아버지를 깨우는 인간 알람시계가 되신 것이다.

깔깔이 할아버지 집

놀라운 것은, 주일마다 교회 가라고 외치던 할머니가 교회를 다니기 시작하신 것이다. 교회 가라고 외치시다가 할머니 자신이 교회를 가신 것이다.

말의 능력이다. 말하는 대로 된다. 하나님께서 할머니의 영혼에 소리를 치신 것이 분명하다. 놀라운 일이다.

평생을 인도 선교로 자신의 삶을 바친 스탠리 존스 선교사님은 이렇게 말했다.

하나님께서 인도하셨으니
하나님께서 공급하실 것이다!

1. 무너진 터에서 예배가 시작되다

해마다 강원도 고양리 마을에 선교팀을 보낸다. 한 번 시작한 선교가 매년 가게 된 것이다. 선교지의 필요를 채우며 더한 은혜가 교회 공동체와 대원들에게 임하는 것을 보게 된다.

최근에 다시 그 땅을 밟게 되었는데, 찬양인도자의 찬양이 나를 울렸다. 정말 그 고백이 사무쳤다. 하나님의 마음이기 때문이다.

> 아무도 예배하지 않는 그곳에서 주를 예배하리라
> 아무도 찬양하지 않는 그곳에서 나 주를 찬양하리라
> 누구도 헌신하지 않는 그곳에서 주께 헌신하리라
> 누구도 증거하지 않는 그곳에서 나 주를 증거하리라
> 내가 밟는 모든 땅 주를 예배하게 하소서
> 주의 보혈로 덮어지게 하소서
> 내가 선 이곳 주의 거룩한 곳 되게 하소서
> 주의 향기로 물들이소서.

2. 영하 40도라고요?

몽골 동계선교

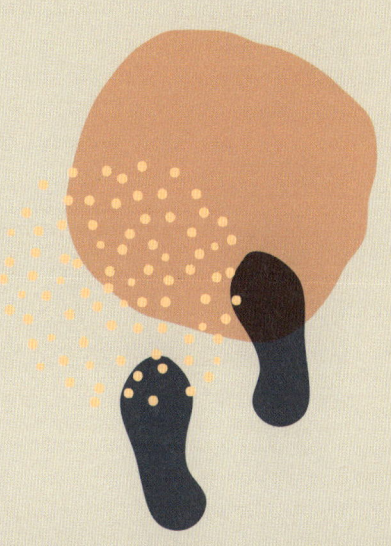

몽골의 여름은 천국과 같다고 한다. 그러나 겨울은 그 반대다.

울란바토르 공항에 내리게 되면 자욱하게 안개와 같은 것이 낀 도시 풍경을 보게 된다. 이것은 중앙난방시스템에서 석탄을 때는 연기이다. 분지 형태로 되어 있는 도시라 겨울은 마치 밀폐된 방에서 연탄을 때는 기분이다. 게르촌이나 도시나 마찬가지이다. 그렇지 않으면 얼어 죽기 쉽다.

그래서 몽골인은 독한 술, 고기를 많이 먹는다. 체질상 겨울을 이기기 위해서다.

몽골의 전통 가옥인 게르

몽골의 겨울은 추우면 영하 40도나 내려간다. 상상이 안 되는 날씨이다.

한국 사람이 몽골 추위에 겁먹었다가 막상 가보면 생각보다 춥지 않다고 여겨져 그냥 다닐 수 있는데, 그랬다가는 큰일 난다. 건조한 날씨에 비교적 추위를 느끼지 않는다고 해서 밖에 오래 있다가 오히려 급사할 수 있다고 한다. 머리에 털모자를 꼭 쓰고 다니고 오랜 시간 밖에 있는 것은 안 된다. 폐까지 얼어붙는 날씨이다.

몽골의 겨울 날씨가 이렇다 보니 선교사역도 위축될 수밖에 없다. 여름 단기 선교팀이 많이 들어오지만, 겨울에는 전혀 없다. 겨울에 단기 선교팀이 오는 경우는 선교사들도 처음이라고 한다. 1월, 가장 추운 기간 단기팀이 준비했다.

그것도 일반 선교사역이 아닌 현지인 초청 집회를 준비한 것이다. 현지인들을 초청하고 복음을 제시하는, 말 그대로 전도 축제이다.

몽골은 아직까지 공산주의 잔재가 남아 있는 나라이다 보니 절차가 까다롭다. 현지 선교사님이 모든 과정을 한국의 교회와 기도하면서 하나하나 준비해 나갔다.

몽골 동계선교 때 가장 기억에 남는 일은 대원의 무단이탈사건이었다. 40여 명의 대원이 준비하고 떠났는데,

한 명이 현지공항에 도착하자마자 사라진 것이다.

그 대원은 청년형제인데, 출발하기 전부터 모임이나 기도회 때 유독 힘들어했던 형제였다. 교회에 다닌 지 얼마 되지 않았는데 다른 청년의 권면으로 이번 선교에 참여하게 된 것이다. 하지만 여행처럼 생각했다가 막상 몽골 땅에 도착해 보니 도망을 가고 싶었던 모양이다.

이 청년이 없어진 것도 모르고, 공항에서 짐 챙기는 일에 부산했던 대원들은 이 사실을 나중에야 알게 되었다. 당시 부교역자였던 필자는 담임 목사님을 모시고 떠난 선교였기에 더욱 얼굴이 새파래졌다. 어떻게 해야 할지 난감했다. 이런 경우는 처음이었다.

급히 숙소에서 리더들을 불러놓고 기도했다. 한국 기도팀에도 연락해서 기도를 부탁했다. 형제 한 명이 도착하자마자 사라졌으니 이건 사역을 시작하기도 전에 무너질 판이었다.

간절히 기도하는 도중에, 한국에서 연락이 왔다. 필자의 아내였다.

"여보, OOO 게스트하우스에 연락해 보세요."

급히 선교사님을 통해 게스트하우스에 연락해 보았다. 놀랍게도 우리가 설명한 인상착의와 비슷한 한국 청년 한 명이 그날 들어왔다는 것이다.

선교사님과 수색조(?)를 급파했다. 방 안에서 웅크리고 있는 청년을 발견했다. 우리 대원이었다.

필자는 숙소에 도착해서 그 형제를 만나 물었다. 너무 화가 났지만, 마음을 다스리고 리더들과 함께 기도하는 마음으로 물었다. 왜 그랬는지 제일 궁금했다.

그 청년은 두려웠다고 한다. 처음에는 놀러 가는 줄로 생각했는데, 시간이 지나면서 선교의 진지함에 두려움을 느껴 도망칠 계획을 짰다고 한다.

기가 막혔다. 그렇지만 한편으로 내 잘못이 크다고 생각했다. 리더들과 상의 후 한국으로 돌려보내자고 말했다. 그때 한 집사님이 그 형제가 마음을 돌이켜 여정을 함께하면 좋겠다는 의견을 내놓았다. 그 형제가 마음을 돌이켜서 함께 한다면 받아줄 마음도 있었다.

"지금 한국으로 돌아가는 비행기를 타고 가든지 아니면 여기서 정말 어려운 영혼들을 도와주든지 선택해라."

형제는 계속 죄송하다고 말하면서, 남아서 함께 하겠다는 의지를 보였다. 돌아갈 줄로 생각했는데 남아서 함께 사역하겠다고 하니 반갑기도 했지만 새삼 염려가 되었다.

'다시 도망치면 어떡하지?

그때는 정말 팀이 어려워질 텐데.'

감사하게도 그 형제는 끝까지 남아서 일정을 다 소화해냈다.

이 사건을 통해 깨달은 것은, 철저한 준비는 기본이고, 정말 중보기도팀의 기도가 중요하다는 것을 알게 되었다. 현장에서 있다 보니 여러 가지 사건이 예상을 뛰어넘어 다가온다. 그럴 때마다 당황스러워 분별력을 잃을 때가 있다. 멀리 떨어져있지만 기도의 동역자들이 함께 이 문제를 위해 기도하며 하나님께 나아갔을 때 도우시는 기적을 경험하게 되었다.

여호수아가 전투의 현장에서 싸우고 있을 때 모세는 전투가 벌어지는 현장을 다 볼 수 있는 곳에서 손을 들고 하나님을 바라보았다.

> 여호수아가 모세의 말대로 행하여 아말렉과 싸우고 모세와 아론과 훌은 산 꼭대기에 올라가서 모세가 손을 들면 이스라엘이 이기고 손을 내리면 아말렉이 이기더니 (출 17:10-11).

전투의 현장을 다 볼 수 있는 곳에서 기도의 손을 든 모세가 있었기 때문에 여호수아와 이스라엘이 이길 수 있었다.

몽골의 현장도 이와 같다. 사모를 포함한 중보기도 팀이 계속 기도를 하고 있었기 때문이다. 하나님께서 정확하게 가르쳐 주셨고, 그곳에서 숨어 있는 대원을 찾아낸 것이다.

이 일을 통해 전체 팀이 다시 하나가 되었다. 마음이 분산되지 않고 더욱 하나가 되어 하나님을 바라보았다.

몽골의 수도인 울란바토르에 UB팔래스라는 큰 홀이 있다. 각종 공연과 모임이 여기서 진행되는데 약 3,900석의 좌석을 가지고 있다. 한국에 유명한 걸그룹이 오면 여기를 빌린다고 한다. 이 장소를 빌려 집회를 열자고 당시 필자의 담임목사님이신 도원욱 목사님이 제안하셨다.

선교사님과 나는 깜짝 놀랐다. 왜냐하면, 실제로 그 장소에 가 보니 홀이 너무 컸다. 한국의 걸그룹도 그 장소를 다 채우지 못했다고 한다. 더군다나 겨울, 영하권의 추위를 뚫고 과연 사람들이 올까 걱정이 앞섰다. 현지 선교사님이나 사람들이 불가능하다고 말했다. 불가능해 보였지만 함께 기도하면서 기적의 역사를 이뤄 보기로 결정했다.

선교사님과 현지인 동역자들이 먼저 씨를 뿌렸다. 전도지와 전단지를 매일 나누고 현지의 교회들에게 연합을 호소했다. 그리고 한국에 있는 교회와 성도들도 한마음으로 기도했다.

영하권 날씨에 사람들이 모이는 것도 힘들겠거니와 그곳에서 공개적으로 복음을 전하는 것도 쉬운 일이 아니었다. 잘못하면 군중들의 야유나 소란이 일어날 수도 있을 법했다. 모든 것에 하나님의 은혜가 덮여야 한다.

매일 새벽과 저녁마다 간절히 기도했다. 기도처소를 빌려서 그곳에서 간절히 하나님께 부르짖었다. 수요일 저녁, 즉 내일 있을 전도 축제를 놓고 간절히 팀이 기도했다.

먼저 그 홀을 답사한 목사님이 나에게 찾아왔다.

"목사님, 음향 시설을 점검하러 갔는데, 그곳에서 불교 법회를 하고 있었습니다. 정말 기도가 필요한 거 같습니다."

업친 데 덮친 격으로, 하루 전날 대규모 불교 법회가 그곳에서 열린 것이다. 몽골은 샤머니즘과 라마불교의 땅이다. 당장 내일 하나님을 예배하는 처소에 우상숭배 불교 법회가 열렸으니, 참으로 암담했다.

사역 전 대원들의 기도

하나님의 감동이 필요했다. 선교지에서 내내 묵상했던 여호수아 말씀을 함께 선포하며 기도했다.

> 일곱 번째에 제사장들이 나팔을 불 때에 여호수아가 백성에게 이르되 외치라 여호와께서 너희에게 이 성을 주셨느니라(수 6:16).

"주셨느니라."

이미 주셨다. 과거형이다. 우리가 해야 할 일은 하나님을 노래하고 예배하는 것이다. 집회 전날 그 어느 때보다 하나님을 간절히 예배했다.

보라 너희는 두려워 말고

보라 너희를 인도한 나를 …

보라 하나님 구원을

보라 하나님 능력을

너희를 위해서 싸우시는 주의 손을 보라.

찬양에 은혜가 넘쳤다. 함께 하셨던 담임 목사님도 주님의 도우심을 경험했다고 말씀한다.

믿음으로 선포한 우리는 다음날 기적의 체험을 했다. 당일 3,900석이 다 찬 것이다. 그 큰 홀이 몽골 현지인으로 가득 채워진 것이다.

모두가 놀랐다. 하나님이 하신 일이라고밖에 말할 수 없었다.

노래와 랩, 한국의 문화공연 시간이 지나고 목사님의 말씀 시간이 다가왔다. 그 어느 때보다도 긴장된 순간이다.

목사님이 차분히 통역과 함께 메시지를 전하셨다. 복음을 있는 그대로, 원색적으로 전달하였다.

UB팔래스를 다 채운 현지인들

놀라운 것은 그 복음을 받아들이는 몽골인들의 태도이다. 조용히 듣다가 마지막 결신의 시간에 3분의 1이 자리에서 일어났다. 물론, 예의상 일어나는 사람도 있었겠지만, 우는 사람도 있었고 감동에 젖어 일어난 사람도 보았다. 성령께서 운행하심을 느꼈다.

몽골 선교 역사상 대규모 집회에서 이런 적이 없었다고 한다. 몽골의 선교역사를 새롭게 쓰는 순간이었다. 결신한 분들을 지교회, 수도에 있는 현지인 교회로 잘 연결되도록 이분들의 연락처를 교회들에게 나눠주도록 선교사님께 부탁드렸다.

기도하는 몽골 어린이

　영하 40도의 추위를 뚫고 영혼들이 왔다. 이들에게 뜨거운 불의 복음이 선포되었다.

　몽골은 한 번도 다른 나라에게 침략을 당해 보지 못한 나라이다. 그래서 자존심이 세다. 징기스칸의 나라이다.

　소련에 이은 제2의 공산국가이기도 했다. 20여 년 전에 민주주의 국가로 바뀌었다.

　3백만 인구를 가지고 있으며 한국의 13배나 되는 국토를 가지고 있다. 서울 양천구 크기를 한 사람씩 나눠 주어도 남을 정도이다.

그들은 유목민이기 때문에 4살부터 양을 잡기 시작한다. 자기의 조상이 늑대가 되었다고 생각한다. 늑대는 훈련되지 않지만 한 번 복종하면 끝까지 복종한다.

1%의 기독교, 그러나 강력하다.

전 세계의 70%의 지하자원이 있다.

그래서 중국이 들어오고 있다.

유목민의 특징을 가진 이들은 복음을 받으면 움직이는 것을 먼저 생각한다.

이 나라에는 건물이 아니라 사람이 중요하다.

체력과 육체적인 건강이 탁월하다. 열량을 확보하기 위해 날고기도 먹는다.

1,800 미터의 고도에 수도를 가진 나라이다.

극한의 지역까지 들어갈 수 있는 민족이다.

몽골인들은 못 들어가는 나라가 없다.

몽골인은 중앙아시아, 중국, 북한에 다 들어간다.

추운 시베리아 끝에도 간다.

이들이 복음으로 물들여진다면, 북한과 열방을 추수할 선교의 동역자로 서게 될 것이다.

3. 그분의 시각으로 보다

일본 후쿠오카

선교는 하나님의 시각으로 보는 것이다.

일본 후쿠오카는 유명한 관광지이다. 한국 사람이 얼마나 많이 갔으면 후쿠오카 공항에서부터 한국말 안내판이 붙어 있을 정도이다.

한국을 벗어나 다른 국가로 가는 것이 해외여행의 목적이다.

왜 여행으로 다른 국가에 가면 하나님의 마음을 느끼기가 힘든가?

선교와 여행은 큰 차이가 있다. 같은 비행기를 타고 가더라도 선교사로 가는 것은 마음가짐부터가 달라진다.

일본선교를 하며 매일 일기를 적었다. 사도 바울이 서신서를 적어 교회에 보낸 그 마음을 조금이나마 알 것 같았다.

일본선교 일기

첫째 날

후쿠오카에는 비가 엄청 내렸다.

움직임이 더딘데 비까지 오니 더 힘들었다.

후쿠오카 타워에서 바라본 이 땅에는 십자가가 보이지 않는다. 이란의 성지 중 하나인 마샤드에서 본 도시의 모습과 비슷했다.

주님의 마음은 어떠할까.

어린이들은 기도를 잘 할 줄 모른다. 그러나 이 아이들을 통해서 하실 주님의 뜻을 기대한다.

저녁기도회에 은혜가 있었다. 준세이 목사님의 설교는 부드러웠지만 강했다. 일본의 과거 역사의 죄를 사죄하는 모습에 감동하였다. 복음을 아는 자만이 용서를 구하고 받을 수 있으리라. 감사한 것은, 이 땅에도 이런 목회자가 있고 교회가 있으며 성도가 있다는 사실이다.

준세이 목사님이 간절히 성령을 구하며 기도하는 모

습에 도전을 받았다. 악기의 도움 없이 강대상을 두드리고 한국에서 배운대로 기도하는 목사님의 모습을 보며 이 땅의 소망을 본다.

'주님! 일본은 하나님의 땅입니다.

순수한 마음을 가진 목회자와 성도들을 보며 소망을 갖습니다.

아울러 한국 땅에도 이런 목회자가 일어나길 기도합니다. 저도 그러하게 하옵소서.'

둘째 날

패스파인딩(pathfinding)을 하면서 후쿠오카 땅의 곳곳을 예배하며 전도한다.

비가 그치고 맑은 날씨이다. 흐린 날이 있으면 맑은 날이 있는 것이다.

맑게 갠 하늘처럼 팀의 예배도 살아나고 있다. 간절히 부르짖고 있다.

아침 묵상 시간이 은혜롭다. 어제의 사역을 나누고 오늘의 삶을 위해 기도한다.

선교 기간 동안 출애굽기 말씀을 묵상하고 있다.

오늘은 1장을 묵상했다. 각자의 말씀 묵상이 다르지만 은혜롭다. 하나님께서 행하실 일들이 기대된다. 산파들을 통해 이스라엘의 구원이 시작되었다. 하나님이 하신 일이다.

'산파와 같은 경외함을 주옵소서.'

저녁에 선교사님과 함께 집회를 가졌다.

요나와 같은 나, 우리를 통해 니느웨 도성을 살리시기 원하시는 것처럼 일본 땅을 향한 하나님의 계획이 남다르다.

이후 기도회 시간에 함께 뜨겁게 기도하며 부르짖었다. 어린 세대가 살아나고 있다. 하나님을 향한 어린 세대의 눈물이 감동된다.

신생교회의 소예배실은 기도가 쌓여 있어서 그런지 기도가 더 잘된다.

이 땅의 예배를 회복함과 동시에 나와 우리의 예배를 회복하기를 원하시는 하나님을 느낀다.

항아리 기도 시 아이들, 청소년들, 청년들, 장년들을 둘러싸고 함께 기도하며 세대별로 일본 땅을 위해 기도했다.

어린이 세대, 청소년 세대에 관심을 집중하고 있는데 아이들이 눈물로 기도하며 부르짖는다. 감사하다.

온천도 좋았다. 첫째 날 비를 흠뻑 맞아 개운치 않았기에 더 좋았다. 온천수처럼 이 땅을 정화하는 은혜와 능력이 주 예수 그리스도의 십자가 보혈로 시작되기를 간절히 기도한다.

저녁 11시를 넘어서 숙소에 도착했다.

빡빡한 일정같이 보이지만 일관되었다. 하나님을 예배했다.

이 찬양이 다시금 도전된다.

주를 위한 이곳에 예배하는 사람 중에

그가 찾는 이 없어 주님께서 슬퍼하시네

주님이 찾으시는 그 한 사람 그 예배자

내가 그 사람 되길 간절히 기도하네

주 은혜로 이곳에 서 있네

주 임재에 엎드려 절하네

그 어느 것도 난 필요 없네

주님만 경배해.

셋째 날

무더운 날씨이다.

버스를 대절하기가 쉽지 않아서 택시를 타고 다녔다. 아침에 콜택시를 불렀는데 여기서 신생교회까지 2천 엔 정도가 나왔다. 4명에 2천엔은 나쁘지 않은 금액이다. 저녁 집회 후에도 택시를 타고 왔는데 버스를 대절하는 것보다 오히려 재정을 아끼게 되었다.

오늘은 온종일 노방 전도했다. 10개 조로 나눠 신생교회 주변과 지역을 돌며 전도지와 티슈를 나누어 주었다.

날씨가 더워서 그런지 지나가는 사람이 드물었다. 그런데도 대원들의 전도 열기는 뜨거웠다. 8천 부나 되는 전단지가 거의 바닥이 났다. 대단하다. 역시 우리 팀원들이다. 몇몇 아이들이 탈진으로 인해 일찍 들어왔다.

2시부터 교회에서 중보기도회를 시작했다. 50분 하고 10분씩 쉬면서 5시까지 계속 찬양하며 기도 제목을 서로 내면서 기도하였다. 3시간이 금방 지나갔다. 일본에 있는 동안 쉼 없이 기도하고 싶다.

아이들이 너무 사랑스럽다. 처음에는 몰랐는데 시간이 지날수록 이 아이들이 귀하다. 장래 하나님 나라의 일꾼들이다.

오늘 저녁 집회가 기대된다. 다들 피곤한 모습은 역력하지만 하나님을 기대하고 있다.

센터에서 준비한 카레라이스를 교회에 가져와 저녁 식사로 먹었다. 역시 권사님들의 음식 솜씨는 대단하다.

저녁 집회 때 준세이 목사님의 설교가 너무 좋다.

신앙의 계보를 이어가야 하는데, 일본교회의 성도들도 자녀세대가 복음을 떠나가고 있음을 말씀하였다. 준세이 목사님도 증조 할아버지 때부터 예수님을 믿어 지금까지 왔고 자녀세대까지 5대가 크리스천 집안이다.

준세이 목사님은 축구클럽 응원까지 하는 열렬한 팬인데 오사카에서 경기에 져서 그만 허탈감에 빠져 있는데, 오는 길에 어릴 적 암송했던 성경 구절이 떠올랐다고 한다.

풀은 마르고 꽃은 시드나
우리 하나님의 말씀은 영원히 서리라 하라 (사 40:8).

다 변해도 진리는 영원하다.

어머니의 끊임없는 기도로 인해 그는 신앙을 되찾기 시작했다고 한다. 아버지가 목사라서 목사가 된 것이 아니라 성령을 받아 헌신했다.

준세이 목사님은 지금도 새벽기도에 자녀 3명이 자든지 어떠하든지 데리고 나온다고 한다. 도전이 된다.

신앙의 계보를 잇는 것은 성령 충만함으로 가능하다. 기도 충만, 은혜 충만하지 않으면 불가능하다. 그는 성령 충만을 구하는 목사이다. 간단하지만 이것이 답이다.

이후에 함께 기도회를 했는데 안수기도를 요청하여 함께 기도하는 시간을 가졌다.

특별히 홀로 신앙생활 하는 지체들을 위해 기도하는데 눈물이 난다.

지체들이 방언 기도의 은사도 받았다. 감사하다.

하나님이 마땅히 받으셔야 하는 찬양과 영광을 우상들이 받으니 주님이 화내신다. 불법이기 때문이다.

이사야 42장 6-8절을 선포하며 기도한다. 주의 나라가 후쿠오카와 일본에 임하기를, 우리의 삶에 가득하기를 선포한다.

기도하자.

죄를 이길 길은 기도 외에는 없다.

원로 목사님이 계속 금식기도 중이란다. 8월 중순에 있는 한·중·일 연합집회를 위해 계속된 저녁기도회와 금식기도가 진행되고 있다. 대단하다. 연합을 위해 부르짖는 이들의 모습에 감동된다.

일본교회 성도의 숫자를 넘어선 순전함과 열정을 배운다. 주님이 하실 것이다.

대원들의 얼굴이 조금씩 변하고 있다.

주일 전도 축제에 하나님의 은혜를 사모한다.

주일 저녁 7시에 나보고 말씀을 전해 달라고 한다.

기도해야겠다. 진지하게 ….

넷째 날

유월절 어린양에 관한 출애굽기 말씀으로 시작했다. 패스오버(Passover), 죽음의 천사가 지나갔다. 오늘의 하루, 내 인생에 패스오버의 은혜가 넘치길 기도한다.

아침에 이 찬양으로 영광 돌렸다.

> 나를 지으신 이가 하나님
>
> 나를 보내신 이가 하나님
>
> …
>
> 한량없는 은혜
>
> 바꿀 수 없는 은혜

내 삶을 에워싸는 하나님의 은혜
나 주저함 없이 그 땅을 밟음도
나를 이끄시는 하나님의 은혜.

후쿠오카에 있는 유명한 신사 텐만궁 - 학문의 신을 모심

오전에는 노방전도를 했다. 날씨가 너무 더웠다. 햇빛 아래 5분도 서 있기 힘들다. 그런데도 오전에 다들 전도를 나갔다.

전 두산 베어스 투수 출신인 이경필 성도와 대원 중 가장 어린 다훈이는 끝까지 따라가서 전도지를 나눠주었다. 이경필 성도의 덩치에 조그만 다훈이가 합쳐져서 마치 앵벌이 하는 것처럼 보였다고 한다.

전도 후 신생교회에서 바비큐 점심을 함께했다. 일본인들과 함께하는 훈제파티, 비록 짠 음식이었지만 다들 맛있게 먹었다. 신생교회는 주차장 한편에 강변을 끼고 있어 매우 운치가 있다.

이들의 섬김에 감사를 드린다.

어제 저녁 화장실에 휴지 처리를 잘 부탁한다는 준세이 목사님의 얼굴이 스쳐 간다. 설교하듯이 진지하게 말씀했다. 이들은 모든 것이 진지하고 예의 바르다. 배려 그 자체다.

선교사님은 일본인들의 속마음을 잘 모르겠다고 한다. 그리스도인들의 속마음은 복음, 주님의 마음 아닌가.

점심 후 쉬면서 내일의 주일 사역을 준비했다. 모두 최선을 다하고 있다.

오후 3시경 텐만궁으로 향했다. 학문의 신을 모시고 있는 후쿠오카 최고의 신사이다. 수십만의 인파가 몰렸다. 주말인 데다가 신사 축제도 열려 사람이 배나 많았다.

중국인들도 보여 이곳이 유명한 관광지가 되었음을 알았다. 신사와 우상숭배는 이미 일본인들에게 있어 문화가 되었다.

떨어질 수 없는 관계라고 할까?

안에 들어가 보니 합장하는 사람들이 보인다. 점괘를 펼쳐 보고 부적 같은 것을 사 간다. 이러한 모습을 이해할 수 없지만, 이들이 영혼이라는 점에서 이해가 간다. 영혼 ….

신사에서 기도하는 일본인

텐만궁을 벗어나 시내 텐진으로 향했다. 번화가이다. 사람들이 많았다.

거점 3군데로 흩어져 팀별로 찬양을 시작했다. 처음에는 부끄러워하는 대원들도 있었지만, 찬양하다 보니 점점 자신감이 생기고 뜨겁게 기도까지 했다. 다른 팀은 경찰에게 쫓겨나기도 했다고 한다.

시내 찬양을 끝내고 교회로 다시 왔다.

저녁을 못 먹었지만 이대로 센터에 들어가면 내일 주일 예배에 지장이 생길 것 같아 바로 교회에 와서 기도회를 진행했다.

이경필 성도의 간증을 들었다. 27년의 선수 생활을 마무리하면서 병역 비리, 부상 등 교만한 자신의 삶을 보고 하나님을 만나게 되었다. 귀신까지 들린 아내의 모습을 보며 이래저래 신앙의 방황도 경험했지만 결국 은혜 가운데 치유를 경험하고 몽골 어린이야구선수단 등의 선교사역을 감사히 감당하고 있다.

하나님이 하실 일이 있기에 여기에 보내신 것이 아니겠는가.

저녁기도를 하면서 내일 있을 하나님의 일하심을 위해 기도했다.

로마서 12장 1-2절 말씀을 나누면서 하나님의 뜻은 온전하며 그 뜻을 분별하는 것이 중요함을 말했다. 그러기 위해선 1절 말씀처럼 우리가 흠 없는 산 제물이 되어야 한다. 그것이 영적 예배이다.

기도회 후 차 안에서 대화를 나누는 중 청년대원 미지부터 시작하여 양승임 집사, 권은지 등이 기도 중에 주님이 주신 마음을 나누었다.

일본인들이 귀신을 업고 교회를 지나가는 것, 그중 한 명이 교회에 들어왔을 때 천사들이 나팔을 불었던 것, 기도회 중에 대야에 물이 각자에게 쏟아지는 것, 밝은 빛이 비추어지는 것 등 많은 환상을 말씀해 주셨다.

감사하다.

우리는 연약하지만 주님은 강하시다.

이제 내일 할 일은 예배이다. 그리고 영혼들이 주님께로 나아오는 일이다.

주님께 맡긴다.

그리고 기도한다.

다섯째 날

주일이다.

아침부터 서둘러서 준비했다.

일본교회의 주일 분위기는 어떨지 궁금했다.

정말 간만에 한국에서의 예배가 아닌 타국 교회에서 편안히 예배드렸다.

오전 9시 어린이 예배가 시작이다.

나중에야 들었지만, 어린이 예배가 너무 좋았는데

시간이 짧았다고 한다. 아이들이 좀 늦게 왔지만, 함께 예배를 드리게 되어 너무 감사하다고 한다. 조미희 전도사님의 어린이 사역이 좋았다.

오전 10시 30분, 본당은 잔잔히 예배가 준비 중이다. 부목사님의 파워포인트 작업과 확인, 담임 목사님의 준비. 다케다 히로시 원로 목사님과 예배인도자들이 한자리에 만나 기도하고 잘 부탁한다는 말씀을 들었다. 새로웠다. 원로 목사님은 카리스마가 진짜 느껴진다.

원로 목사님은 한·중·일 연합집회 관계로 계속 금식기도 중이다.

원로 목사님은 한국 분들에게 늘 사과를 먼저 하신다. 70이 넘으신 분이 새파란 청년들과 아이들에게 일본의 과거 악행들을 용서해 달라고 엎드려 절하신다.

원로 목사님이 교회를 개척하여 지금의 교회가 되었다. 아들 세대가 이어서 교회를 섬긴다.

원로 목사님은 새벽기도회를 포함한 교회 사역에 아주 엄하시다. 이분이 기도를 배우실 때 자신의 스승이 일본 사무라이 출신 목사님이셨다고 한다. 그분은 예배 때마다 일본 검을 늘 차고 인도하셨다고 한다. 예배 때 졸기라도 하면 …. 상상만 해도 무섭다.

원로 목사님은 엄하게 신앙을 배워서 교인들과 가정

에도 엄하시다. 하지만, 얼굴은 한없이 부드러우시다.

주일 예배는 찬양으로 시작한다. 찬양은 사모님이 인도하는데 드럼, 기타, 피아노, 오르간 반주가 함께하는데 깔끔하다. 그냥 일본답다.

첫 찬양으로 "마지막 날에"를 부르는데 눈물이 터졌다. 말할 수 없는 감동, 일본에서의 주일 예배에 그냥 은혜가 임했다.

하나님께 감사했다.

'여기서도 하나님을 높이는 교회와 성도가 있군요.'

그냥 하나님이 참 대단하시다고 생각했다. 찬양 내내 눈물이 흘렀다.

여러 가지 예배의 순서가 있었지만 다 좋았다.

의외로 준세이 목사님은 잔잔하게 말씀을 전한다. 수요기도회나 기도회 시의 설교와는 다르다. 아마 준세이 목사님도 금식 중이라 힘이 부치는 모양이다.

대표기도와 축도를 내가 했다.

기분이 묘했다. "아멘, 아멘" 해 주는 일본 그리스도인들이 감사했다. 한 성령 안에서 한 형제와 자매다.

과거의 일이 자신의 잘못처럼 죄송하다고 연발하는 준세이 목사님의 마음에서 순전함을 본다.

예배 후 식사시간이다. 1층에 내려갔는데 애찬식이

라고 한다. 카레덮밥이 맛있다.

신생교회는 살아 있는 교회이다.

성령 충만을 외치며 매일 기도와 금식으로 정결하게 하고 세계선교의 비전을 성취하고자 한다. 예배시간에도 선교보고와 나눔이 들어간다. 아프리카 등의 선교지 보고하는 자매도 선교준비를 하고 있는데 눈물을 흘린다.

오후 4시에 있는 전도 집회가 걱정이다.

식사가 끝난 후 바로 전도팀을 구성해 또 노방전도를 보냈다.

얼마나 올까?

이래저래 발을 동동 굴렀다. 시간이 되어도 아무도 오지 않았다. 있던 성도까지도 집에 갈 정도였다.

설상가상으로 비까지 내린다. 준비한 선물 김 200 박스가 무색해진다.

어제 저녁 미지가 기도 중에 본 환상이 맞을 수도 있겠다. 그 환상의 내용은 다음과 같다.

아무리 소리쳐도 귀신을 업은 일본인들이 들은 체도 않고 교회 앞을 지나가는데 한 명이 들어왔고 천사가 나팔을 부는 것이다.

오늘, 정말 두 명의 청소년이 왔다. 엄청 놀랐다. 알고 보니 이곳에 온 지 이틀 된 엄마와 세 남매도 있었다. 비가 와서, 자전거 타고 왔다가 돌아가려는 것을 지체들이 함께하자고 데리고 들어왔다가 끝까지 함께 했다.

준비된 찬양과 간증, 메시지 시간이 왔다.

하나님은 어떤 마음이실까?

청소년 자매 두 명은 전도지를 보고 왔는데 전도팀을 두 번이나 만났다고 한다.

한 가정도 왔는데 이미 은지 자매가 이 가정이 올 것이라는 환상을 보았었다. "한 가정을 보낼 테니 귀하다"라는 말씀을 받았다고 한다. 아무리 찾아봐도 없는데 이미 그 가정이 와 있었던 것이다.

하나님의 마음이다. 하나님이 하시고 있다.

몽골의 4천 명의 영혼도 대단하고 귀하지만 여기 일본의 한 가정, 2명의 자매도 너무 귀하다.

진실 되게 복음을 전하는 일본 목사님의 설교도 귀했다.

이들을 불러내서 손을 잡고 축복송과 함께 기도를 해 드렸다.

귀가하는 분들에게 김을 전해 드렸는데 일본 목사님도 좋아하신다. 남는 거 다 놔두고 간다고 했다.

저녁 예배는 내가 설교를 했다. 일본 분들은 몇 분 안 오셨지만, 교회에 관해 나누었다.

교회는 만민이 모이고 만민을 향해 기도하는 곳이다. 기도를 멈추는 것이 위기이다.

신생교회에서 기도회를 하며 주님께서 주셨던 것들을 나누었는데, 마치고 사모님이 큰 위로를 받았다고 눈물을 흘리며 고백한다.

아무 교회나 빛이 비추는 것이 아니다. 하나님의 뜻에 순종하고 기도하는 교회에 하나님의 인도하심이 있으리라.

대원들의 분위기가 바뀌었다. 이제 알아서 모이고 기도한다. 아침 경건회도 그렇고 저녁기도회도 그렇다. 기도하니 하나님이 일하신다는 것을 스스로 깨달은 것 같다.

기도회를 마치고 초밥을 먹으러 갔다. 오래간만에 배부르게 맛있게 먹는다.

이들이 귀하다.

내일은 신생교회로 숙박 장소를 옮긴다.

기도의 시간을 더 확보할 수 있으리라.

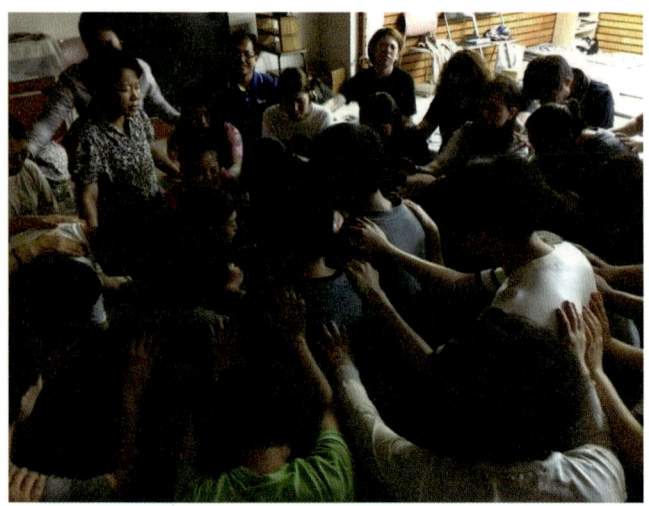
대원들과 항아리 기도회

이제 한국에 다시 들어갈 시간이 다가온다.
한국에서의 나의 모습은 예전과 같지 않을 것이다.
달라져야 한다.
주님 도와주소서.
이제 기도자가 되게 하소서.

4. 와서 우리를 도우라

캄보디아 쁘레아허 마을

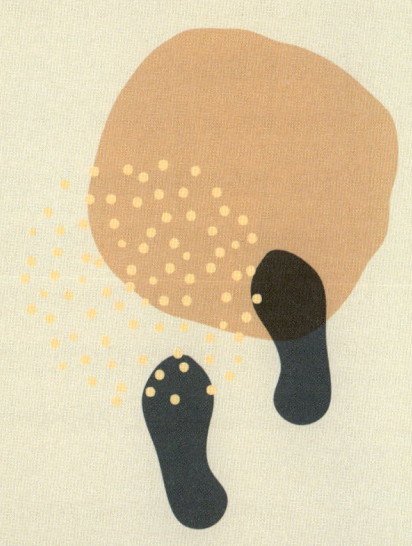

캄보디아는 불교와 힌두교의 땅이다.

이 땅에 사역하는 선교사님은 김복음 선교사님이다. 하나님의 생각은 인간의 생각과 다르다. 학부 시절에 함께 선교단체에서 사역한 것이 계기가 되어 가끔 연락이 되는 선교사님이시다.

교회 권사님께서 선교지, 특별히 캄보디아에 교회를 짓고 싶은 마음을 나누셨다.

캄보디아하면 김복음 선교사님이 생각이 나서 즉각적으로 연락을 드려보니 놀랍게도 교회 건물이 당장 필요한 곳이 있다는 것이다.

선교사님과 연락한 후, 교회는 단기팀을 준비했고 권사님은 기도하시며 재정을 송금하셨다.

캄보디아는 비행기로 약 4시간 걸리는 거리에 있다. 앙코르 와트, 킬링필드로 알려진 땅이다. 한국의 1950년대가 연상된다.

이곳에도 하나님의 복음이 필요하다.

선교사님을 통해 알게 된 놀라운 사실이 있는데, 이 땅에 준비된 영혼이 있다는 것이다.

선교사님은 수도 프놈펜에서 사역하시다가 하나님의 인도하심을 따라 라오스 국경지대 근처인 쁘레아위하이 마을로 가셨다. 이곳에서 공동체 생활을 하면서 현지인들을 그리스도의 제자들로 만들어 가셨다.

놀라운 것은 공동체 생활이 쉽지가 않은데 함께 먹고 자면서 예수님의 방법 그대로를 실천해 가신 것이다.

공동체 예배를 드리면서 정말 하나님의 임재가 가득 느껴졌다. 어린아이들의 심령 깊숙한 곳에서부터 터져 나오는 찬양과 기도는 신선한 충격이었다. 심지어 한국말로 찬양을 했다. 단기 팀들이 여기에 와서 은혜를 안 받을 수 없다고 여겨진다.

선교사님은 오래전부터 쁘레아위하이 마을 근처에 있는 또 다른 미전도 마을인 쁘레아허 마을을 두고 기도하고 계셨다.

쁘레아허 마을에는 약 1,200여 명의 주민이 살고 있지만 교회가 없다.

선교사님이 전도 여행을 가게 된 계기는 그 마을 근처에 사탕수수밭이 개간되면서 도로가 생겨났고 그 길을 통해 마을로 전도 여행을 떠나시게 된 것이다.

그 마을에서 한 할머니를 만나셨다. 복음을 모르는 마을이라 생각했는데 이미 예수를 믿는 성도를 만난 것이다. 너무 신기했다.

쁘레아허 최초의 그리스도인 할머니

알고 보니 이 할머니는 한국의 극동방송을 통해 예수님을 알게 되었고 라디오를 통해 신앙생활을 하고 있었다.

그 할머니는 어떻게 예배를 드려야 하는지 전혀 모른 채 도울 자를 위해 기도하셨다고 한다. 그때 선교사님이 오시게 된 것이다.

> 밤에 환상이 바울에게 보이니 마게도냐 사람 하나가 서서 그에게 청하여 이르되 마게도냐로 건너와서 우리를 도우라 하거늘(행 16:9).

정기적으로 전도팀이 방문한 그 마을에는 아이들만 300여 명이 모인다.

쁘레아허 은혜교회

교회가 건축되었을 때 할머니의 얼굴을 잊을 수가 없다. 눈물을 흘리시며 교회에서 살겠다고 말씀하신다.

한국에서도 그 할머니와 같은 간증이 있다. 청라은혜교회 전도 축제에 오신 할머니가 교회에 오시게 된 간증이다. 길거리에서 복음을 전해 들은 할머니는 영접기도문을 수첩에 적고 매일 읽으셨다고 한다. 교회에 나가는 방법도, 길도 몰랐는데, 교회에서 시행하는 전도 축제에 오셔서 예수님을 영접하고 신앙생활을 하시게 되었다.

할머니의 집에 심방을 가니 그 수첩을 보여주신다. 글씨가 삐뚤빼뚤하지만 분명하게 복음이 적혀 있었다. 80 평생 예수를 모르다가 누군가가 전달해 준 영접기도문을 적고 읽으면서 지내신 것이다. 그 이후, 예수님을 영접하고 한 번도 빠짐 없이 나오신다. 교회 차량을 놓칠 때는 혼자 수 킬로미터를 걸어 오시기도 했다.

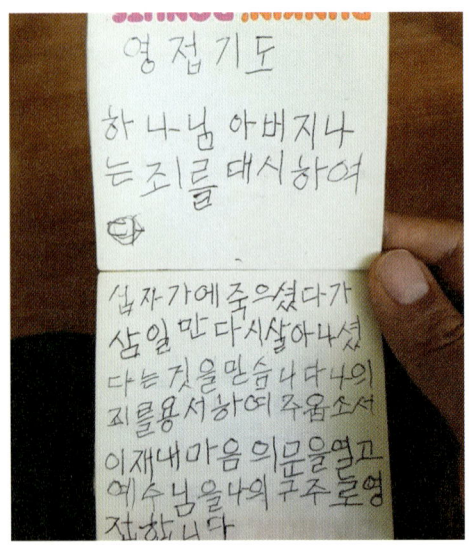

할머니의 영접기도문

전도가 안 되는 것이 아니라 전도를 안 해서 문제라고 누군가 말한 것이 기억난다.

5. 순교자의 피 위에서

파키스탄

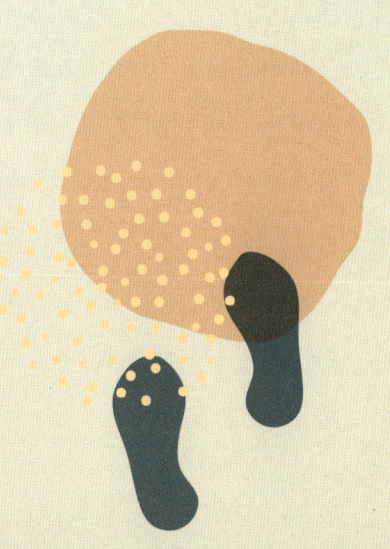

파키스탄은 인구의 98 퍼센트가 무슬림이고, 2 퍼센트는 가톨릭을 포함한 기독교인이다.

최근에도 파키스탄에서 예배를 드리고 돌아가는 기독교인 일가족이 살해당하는 사건이 있기도 했다.

파키스탄은 소수의 기독교인이 핍박 속에서 자신의 신앙을 지키며 살아가는 곳이기에 당연히 복음을 전하기가 어려울 것이다.

필자가 만난 한 성도는 글을 모르는데, 복음을 듣고 회심하여 마을 곳곳마다 전도하는 전도자가 되었다.

사람들은 그가 글도 모르는 무식한 사람이라고 비난했다.

그는 하나님께 기도했고 어느 날 성경책을 펼치는데, 한 번도 글을 배워보지 못한 그가 성경을 줄줄 읽게 되었다.

파키스탄은 역사적으로 영국의 식민지였기 때문에 영어를 공용어로 쓴다. 그가 무식하다고 마을에서 안 받아주고 외면하는데, 갑자기 복음 전하다가 영어를 술술 말하니 모인 모든 사람이 놀랐다.

필자는 이 말을 듣고 이분한테 안수기도를 받고 싶었다. 필자는 평생 영어를 배웠지만, 영어는커녕 한국말도 잘 못 한다.

성경을 읽는 전도자

고린도전서 1장 27절에, 하나님께서 세상의 미련하고 약한 것들을 택하사 지혜 있고 강한 것들을 부끄럽게 하신 역사가 바로 이런 것이다.

파키스탄교회를 보면, 한국교회의 초기 모습을 보는 것 같다. 핍박 속에서 성도들은 오히려 정금과 같이 빛났다.

왜 우리에게 고난이 필요한 것일까?

정금이 엄청난 열기의 풀무 불에서 단련되듯이 고난은 오히려 성도들을 정금과 같이 빛나게 해 준다. 교회만 다니는 종교인이 아니라, 믿음을 살아 내는 신앙인이 되는 것이다.

파키스탄교회

파키스탄은 예수님의 제자였던 도마가 순교한 땅이기도 하다. 그를 기념하여 도마기념교회도 있다.

탈레반이 있는 지역에서는 탈레반이 예배를 드리는 교회에 총질을 한다.

이곳에서 사역하시는 목사님은 성도들에게 죽은 믿음을 소유하지 말고 산 믿음을 가지라고 호소한다. 요한계시록의 말씀을 나누면서 순교자는 천국의 영광이라고 말씀하며 교회를 지킨다.

탈레반은 잔인하다. 파쉬툰 종족이 아니거나 기독교인이면, 잔인하게 대한다. 코를 자르기도 하고 죽이기도 한다.

교회를 섬기는 목사님이 도전하신다.

믿음은, 아무것도 없는 데서 시작하는 것처럼 보이지만, 믿음의 책임은 하나님이 져 주신다. 이 믿음 우리도 소유해야겠다.

어느 날 선교사님의 아내 분이 둘째를 임신하고 펑펑 울고 있었다.

남편 선교사님이 왜 우느냐고 물었다.

선교사님의 아내 분은 돈이 없는데 이 아이를 어떻게 낳고 기를지 생각하니 눈물이 났다고 대답했다.

그랬더니 남편 선교사님이 조용히 부인의 손을 잡고 밖으로 나갔다. 그러더니 손가락으로 하늘을 가리키면서 "새를 봅시다"라고 말했다. 그리고 땅을 가리키면서 "풀을 봅시다"라고 말했다.

그리고 다음과 같이 말했다.

"마태복음 6장에 공중의 새와 들의 백합화를 먹이시고 입히시는 하나님을 섬길래요, 돈을 주인으로 섬길래요?"

그 믿음의 시험을 돌파하고, 재정의 시험이 다가올 때마다 그렇게 한다는 것이다.

선교사님은 우리에게 이렇게 말씀하셨다.

"오늘 예배 후 하늘을 보시고 땅을 보시기 바랍니다. 하나님을 믿음으로, 돈에서부터 오는 염려를 돌파하시길 축복합니다."

파키스탄교회의 재정충당 – 염소

사실, 파키스탄교회가 재정적으로 어려움이 많이 있다. 교회마다 염소를 키워서 마을 사람들에게 주기도 하고 염소를 판 이익으로 교회를 위해 사용하기도 한다.

그런데 예배 후 한 목사님이 필자에게 헌금을 주셔서 매우 당황했다.

필자가 받은 헌금

    필자는 염소를 헌물해 드린다고 약속했다. 암염소 한 마리에 20만 원 정도 한다.

    이분들은 재정에서 오는 불편이 있었지만, 불편을 사랑할 줄 아셨다.

    주의 손이 임하는 능력은 계속되었다.

    어느 날 한 목사님이 계속 자기의 귀에 어떤 성도의 기도 소리가 자꾸 들린다고 했다. 거리상으로는 멀리 떨어져 있는 분이라, 혹시 그 성도가 근처에 왔나 싶어 둘러보았지만 아무도 없었다. 그래서 전화해 보니, 그 성도는 교회에서 기도하는 중이었다.

5. 순교자의 피 위에서

다른 지역에 떨어져 있어도 기도의 소리가 자신에게 들린 경험을 통해 이 목사님이 깨달은 것이 있었다. 바로 중보기도이다.

그때부터 그 목사님은 멀리 떨어져 있어도 그 시간에는 자신의 자리에서 서로를 위해 기도하기 시작했다.

아이가 학교 가고 남편이 출근하고 옆에 없더라도 가족들을 위해 기도해야 한다. 하나님이 들으시고, 내가 듣고 그 영혼이 듣게 될 것이다.

사탄은 교회를 핍박하고 지도자를 죽이면 성도들이 움츠러들 것으로 생각했을 것이다.

하지만 생명력이 있는 교회는 달랐다.

파키스탄에 샤바즈 바티 장관이 있었다. 선교사님의 가장 친한 친구이자 동역자였다.

바티 장관은 2011년 3월 2일, 탈레반에 의해 순교하게 되었다. 그는 신실한 기독교인으로 이슬람의 알라 신성모독법으로 사형선고를 받은 여성의 구명운동을 하다 살해당한 것이다.

탈레반은 사람을 죽이기 몇 달 전에 먼저 신문에 광고를 낸다고 한다.

그런 광고를 보면, 도망을 가야 하는데, 바티 장관은 끝까지 자신의 자리를 지켰고 아침 출근길에 총에 맞아 순교했다. 유튜브에 그가 남긴 간증이 있는데 보시길 바란다.

사탄은 이렇게 하면 교회가 무너지고 성도들이 위축되리라 생각했을 것이다.

하지만 파키스탄교회와 성도들은 더욱 견고하게 믿음에 서게 되었고 순교까지 각오한 믿음의 사람들이 더욱 일어나게 되었다.

믿음이 약했던 파키스탄의 통계부 장관인 까므란 마이클 장관도 이 순교를 통해 믿음이 일어나 회복되어 지금은 가장 많은 사역을 감당하고 있다.

까므란 마이클 장관

어떤 한 마을에 갔는데 한국에서 목사님이 왔다고 사람들이 병자들을 데리고 왔다. 그중에 한 아기가 있었다. 다리에 장애가 있었고 영양실조라 사진에는 잘 보이지 않지만, 바짝 말라 있었다. 이 아기를 위해 기도했다.

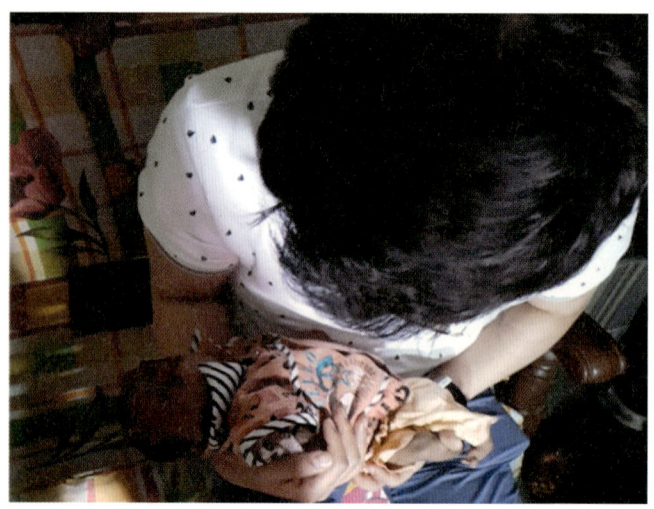

아기 치유 기도

그때 필자가 받은 마음은 파키스탄의 상황이 이와 같다는 것이었다.

마르고 병든 땅, 고통 속에 신음하는 땅이지만, 하나님은 이 땅을 치유하실 것이다.

현지 목회자 한 분이 사역에 지치고, 무슬림의 위협 때문에 교회를 떠나려고 했다.

어느 날 이분은 마을 사람이 불구덩이로 던져지는 것을 꿈에서 보고 주님의 음성을 듣게 된다.

'네가 구원의 복음을 전하지 않는다면 더 많은 사람이 던져지게 될 것이다.'

그분은 정신을 번쩍 차리고 다시 사역의 현장으로 나갔다.

파키스탄, 하나님이 구원하실 땅이다.

6. 당신은 선교사인가, 선교지인가?

하나님이 세상을 사랑하시기 때문에 독생자를 보내신 것이다. 하나님이 독생자를 보내신 이유는 사랑하는 영혼들이 멸망하는 것을 원치 않으시기 때문이다. 그래서 그를 믿는 자마다 천국 영생의 축복을 허락하셨다. 즉, 예수님이 이 땅에 오신 것이 하나님의 사랑이다. 예수님이 움직이신 것이다.

왜 선교해야 하는가?

예수님이 이 땅에 선교사로 오셨기 때문에 당연히 우리도 그러해야 한다.

지구상 17,000여 종족 중 7,000여 종족이 아직 복음을 들어보지 못했다고 한다.

주님이 다시 이 땅에 오실 조건은 다음과 같다.

> 이 천국 복음이 모든 민족에게 증언되기 위하여 온 세상에 전파되리니 그제야 끝이 오리라 (마 24:14).

주님의 재림을 고대하는 그리스도인이라면, 당연히 모든 민족으로 나아가야 한다.

필자는 신혼여행을 이스라엘의 예루살렘으로 갔다. 아내의 의견이기도 했지만, 그 후에도 몇 번 더 예루살렘을 방문했었다. 하나님께서 가정을 시작하며 예루살렘으로 가는 것을 기뻐하셨다. 예루살렘에서 하나님이 주신 마음을 정리해 보았다.

가장 먼저 광야를 바라보며

아무것도 없고 바람과 모래뿐인 그곳에서 주님이 나를 위해, 우리를 위해, 이 땅의 회복을 위해 기도하셨던 것처럼 주님은 주어진 환경에 의지하지 말고 오직 만군의 여호와에게만 집중하며, 주님의 음성에 반응하고 순종하며 살아가라고 말씀하신다. 그리고 우리 기도의 폭이 넓어지길 원하신다. 내 생각과 주님의 생각은 큰 차이가 있다.

그 마음이 하나가 되고 순종함으로 나아갈 때 진정한 주님의 제자가 되는 것이라고 주님은 말씀하신다.

필자는 주님은 어떤 소수민족의 하나님이 아니라 모든 인류의 하나님이심을 고백하고 환경과 사람을 보지 않고 주님만 의지하기를 기도했다. 광야의 삶이 우리 삶의 지표가 되길 기도했다.

광야 1

광야 2

그곳의 기도처소와 겟세마네, 감람산에서 느낀 점

주님께서 사역하셨고 다시 오실 땅이 다민족, 다문화가 공존할 뿐만 아니라 아이러니하게도 각자 신을 향해 경배하는 인류 분쟁의 중심이 되었다는 것에 마음이 아팠다. 주님은 우리에게 열방을 향한 눈, 안목, 그리고 이방 민족에 대한 선교와 전도에 눈을 뜨고 마지막 세대, 주님 다시 오실 그때를 준비하는 일꾼으로 사용되기 위해 깨어 준비하라고 말씀하신다.

예루살렘을 바라보며 가슴 아파하시는 주님의 마음.

인류 구원을 위해 이 땅에 오신 주님.

제자들조차 알지 못했던 주님의 마음.

주님은 기도하라고 말씀하신다.

주님은 우리에게 기도로 교회와 나라를 세우고 열방을 품고 기도하라고 하신다.

영의 눈으로 깨어 기도하라고 하신다.

우리가 거하는 모든 처소가 기도의 집이 되기 원하신다.

주님은 관계 가운데 말씀하신다

저들이 어떻게 사람을 섬기고, 어떠한 마음으로 사람을 섬기는지 보라!

겟세마네 동산

통곡의 벽

기도의 집

　라합의 집이 되기 소원하는 한 목사님의 가정은 이 방인까지 섬겼다.
　이를 통해 필자는 섬김과 나눔이 사칙연산이 아니라 순종이라는 것을 배운다.
　그 목사님은 이제 막 시작한 필자의 가정에게 섬기는 가정, 베푸는 가정의 모델을 보여 주시고 그런 가정이 되라고 말씀하신다.
　어릴 적부터 주위에 필자를 위해 기도를 많이 해주시던 분들이 계셨다. 어머니로부터 시작해서 주일학교 교사, 집사님, 권사님, 목사님의 기도를 받으면서 자랐다.

시간이 지나면서, 나 자신이 참 많은 기도의 빚을 지고 있다는 것을 깨달았다.

선교지에 다녀 보니, 가는 곳마다 기도가 필요 없는 곳이 없었다. 선교지는 기도가 필요한 곳이다. 선교사는 그 땅을 밟으면서 기도하는 예배자이다.

지금도 선교지처럼 마냥 기도만 받는 성도들이 많다. 부르심을 받은 성도는 선교지가 아니라 선교사가 되어야 한다.

모여진 선교 대원들을 훈련할 때 첫 메시지가 이것이었다.

"당신은 선교사인가, 선교지인가?"

준비되지 않았다면 여전히 나는 선교지이다.

청라은혜교회가 2년 만에 세 배 이상의 수적 성장을 이루었다. 수적인 성장뿐 아니라 재정적인 축복도 받았다.

주님이 기뻐하시는 일을 할 때 주님이 내 일을 하시는 것을 보게 된다.

무작정 선교하는 것이 답은 아니다. 그때마다 주님이 주시는 음성에 민감하며 순종하는 것이 답이다.

새벽마다 기도한다.

"주님, 선교지에 교회를 세우면 주님이 우리 교회를 세워주세요."

교회의 성령행전은 멈추지 않고 진행형이다.

장기 선교사만 있는 것이 아니라 여기 단기 선교사들도 있다.

선교지에서 선교사의 삶을 살아 내어 삶의 현장에서 선교적 삶을 살아 낼 이 땅의 선교사들이 오늘도 다가올 선교를 준비하고 있다.

아멘, 주 예수여 오시옵소서.

마라나타!